AF599719

Cabeza de familia

lasturaediciones.com
info@lastura.es

Colección Alcalima N.º 233
Dirige la colección: Isabel Miguel

Editado en Madrid, España

Primera edición: Asociación Cultural Andrómina, 2023
Segunda edición: Lastura ediciones, mayo, 2024

D. L.: M-10343-2024
ISBN: 978-84-128660-0-1

Impreso en Antequera, Málaga
Printed in Spain

Alicia Louzao

CABEZA DE FAMILIA

XVII Premio de Poesía
Leonor de Córdoba

Colección Alcalima de Poesía n.º 233

Dedicado al padre de Jorge Manrique.
Y a Jaime, que conoce la consistencia de los sueños.

PARTE I. MITOLOGÍA

Yo no lo sabía y probablemente tú tampoco y
sobre todo nadie nos lo confesó antes de la
primera palmada en el aire. Pero muchas de las
cosas que llegaron fueron creaciones y fueron el
hombre que Todo lo Conocía.
Y vino la cruz en la cocina.
Y el hombre del saco.
Y Jim Morrison.
Y el libro de texto.
Y las niñas.
Y todo esto estuvo antes de que las casas se
derrumbaran.
Los cuerpos se derrumbaran.
Y no quedase nadie que quisiera creer.

CREDO

Las creencias las guarda mi madre
envueltas en una cruz de plata que
rodean unos dedos que no se mueven
mientras la cruz se cubre
de cuatro manos como cuatro mares
de pieles frías.

No pasa el tiempo.

Tan sagradas que de los cuatro mares
surgen los picos de las estrellas
y atardece en el Hospital Arquitecto Marcide.
Lexatin en el bolso de hombros, clínex, cruz de
[plata y la fe
de los que no se marcharon todavía.

Pero las horas no pasan. Las horas no pasan.

Un sol de sangre y de vino y de dientes
que rasgan la bóveda de todos los santos,
allí desde donde el lugar

se envuelve en una única cruz
que cubren cuatro manos sagradas.
Tiene hambre la tierra.

Pero las horas no pasan.
Las horas no pasan.
Las horas no pasan.

Dust

Tuvo la mano abierta y las cenizas.
Las cenizas que fueron ojos que no dormían y
[humo de plata.
Y así supe muy temprano o quizá no,
no tanto como Oliver Twist o como Punky Brewster,
lo que ocultaban las cenizas y la mano abierta.
Porque los huesos acaban en la tierra
y en la tierra también las partículas de física y
[química,
la extrañeza de los perros,
los zapatos de Zara,
en la tierra y por dentro.
Ay, como un océano encadenado
o como pastillas que caen tocando los cristales.
Todos tuvimos una vez un corazón blando
que podría confundirse con carne.
Podía confundirse con un puré para la noche,
con el corazón de un conejo perdido,
con una estrella que vino de lejos y que mató a un
[hombre
que cantaba suave.

Yo solo sé que ahora.
Ay.
Puñados de arena entierran el corazón blando
[que podría
confundirse con carne.
Y esto no me lo contó el cabeza de familia.
El vigía de la suerte.
Que con la ausencia viene la arena en las manos a
[tocarte
por dentro como cristales de oro.
Ay.
Es eso lo que ahora queda.
La arena en la boca y en los huesos.
Las cenizas en la tierra.

Para crear el ojo derecho de Emilia

Para crear el ojo derecho de Emilia
se necesitó sobre todo paciencia. De eso su madre tenía.
Un puñadito de hierbabuena en una mano,
hojas salpicadas de ganas de comer, bordes con cinco dientes dispuestos a devorar chocolate Nestlé y m&m,
que fue lo que la madre de Emilia dispuso en un cuenco de cristal azul. Las hojas cayeron como tres truenos unidos dispuestos a ahogarse.
Para crear el ojo derecho de Emilia
se necesitó sobre todo paciencia. De eso su madre tenía.
Una calabaza con cabello rubio disponible en el jardín de la vecina que nunca saludaba pero que vertía sal sobre su hombro para curarse de los fantasmas del tejado.
Y pestañas.
Que su madre buscó en el desierto de lunas al final de la carretera. Autobús a Segovia. Parada en la línea 21. Pausa. Cruasán con jamón y queso. Periódico con

mancha de café. Espejo roto en el cuarto de baño. Sofía x Enrique. Forever San Francisco de Asís. Y las lunas en el suelo con las bocas abiertas y las bocas de plata.
Los dedos escarbaron lo suficiente.
Se necesitó sobre todo paciencia. De eso su madre tenía.
Y extrajo las pestañas adecuadas para el ojo derecho de Emilia que todavía estaba cerrado y todavía la hierbabuena en la asfixia del cuenco de cristal azul. m&m blancos.
La madre solo pensaba:
Jusqu' ici, tout va bien.
Lo quiso decir en cinco idiomas pero solo le salió el que no se había aprendido nunca en el colegio.
Fue necesario un punto negro que atravesara las uñas.

Ese fue fácil. En el pozo de su patio recogió suficiente agua por la noche. La dejó secar tres días. Y puntitos negros como hormigas que se suben al cuello partieron el agua. Eligió el más redondo de ellos. Una piedra como esmalte de emperatriz de las cumbres negras.

El horno a doscientos grados.
Una bandeja de plata.
Y el ojo derecho de Emilia que todavía estaba cerrado dentro del propio párpado.
Sobre todo paciencia. De eso su madre tenía bastante. Acumulada en la dentadura, en la espalda y en las muñecas con tres pulseras, canas de arroz blanco, gafas de leer páginas que se le arrugaban en la frente.
Para crear el ojo derecho de Emilia
su madre rezó al planeta Júpiter que era el que más le gustaba. Porque sabía que los planetas escuchan y precisamente giran para colocar el oído.
El ojo fue tan perfecto que vinieron a verlo hasta desde las ciudades que habían desaparecido hacía años.
Tan perfecto que quemaba en la mano.
Tan perfecto como una aguja de oro.
Tan perfecto que lloraron cinco noches. Tan perfecto que Emilia nunca conoció otra cosa que su propio ojo,
perfecto, abierto,
como una aguja de oro.

En el cuello

Mi padre vive dentro de un frasquito de sal.
Porque todo lo que nos duele en los ojos está cerca de la mano.
Y otros padres viven dentro de la mano.

Mi padre cabe dentro de un frasquito de sal.

Y los ojos se nos llenan de pájaros cuando volvemos a los centros donde todo giraba alrededor de un suelo rojo con manchas de pies pequeños como vocales en un plato hondo. Esta vez observamos a una chica de perfil recto y oreja puntiaguda que se llevó todos los trenes en el bolso mientras las bocas gritaban que querían marcharse y las faldas caían a las profundidades de las vías del metro y el pelo empezaba a caer dormido sobre los hombros.

Yo agarraba mi frasquito de sal como la única posibilidad que existe en el mundo y tiembla en el

fondo de un lago transparente que casi no cabe en
el cuerpo.
Y la chica del perfil recto
como la línea de un divorcio y como la lámpara
que no duda de que sea ya noche
no habló con nadie ni tocó ninguna mano ni besó
los peces necesarios para convertirlos en pan o en
vino o en algo que no resbalara por el cuerpo.
Se llevó todos los trenes y los chicos de la noche,
esos que son como el aire en un baúl de roble que
se abre de pronto y deja escapar todo lo que
cobijaba en su estómago. Y uno a uno fueron
entrando en sus orejas, en sus brazos, en su bolso
lleno de trenes y en su nariz perfectamente recta
para escapar de aquellos que nos agarrábamos a
los barrotes pidiendo auxilio porque todo se
estaba moviendo demasiado rápido y sin
embargo no había ningún tren al que subir.
Esta vez éramos nosotros porque siempre buscas
una excusa detrás de veinte personas y así se
crearon los plurales:

por una culpa.

Mi padre vive en un frasquito de sal y la chica de
la nariz recta me vio escondida detrás de un
plural y de varias gabardinas y de los paraguas
que nos robaron cuando esperábamos el autobús.
Porque todo gira en nuestro cuello y en la soga
mientras esperamos el autobús o el tren o la
estación que llegue hasta nuestra cintura y nos
empuje
como empujan los chicos de la noche a las chicas
que se abrazan a las canciones como los barcos se
abrazan al mar. Y la chica quiso mi frasco porque
una persona se enfrenta al mundo solo cuando ve
que este no le pertenece,
y yo,
escondida tras las gabardinas del invierno y tras
el frío de las rodillas,
guardé el frasquito de sal en mi chaqueta y recé
porque no me viera.

Que nadie me viera.
Que no nos vieran.
Porque dentro de los plurales se esconde el miedo
como dentro de la lluvia se esconde el otoño y la
gripe y dos manos sobre las hojas muertas.

Cuando el último tren fue arrancado por la chica
de la nariz recta y perfil puntiagudo como una
aguja clavada en la planta del pie,
pudimos huir corriendo de todos los fracasos y
de la vergüenza y de los chicos de la noche que
esperan en los ascensores con una cerveza tibia
en la mano y una sonrisa de piedra en los dientes.
Y un acento que suena a dulce cuando se bate y
dentro guarda una estría que te devora.
Se cayeron las razones porque nadie las limpiaba
y se fugaron las brujas a los países donde nunca
se oculta la luna.
Y yo corrí enredada en los gritos
y llevé mi frasquito de sal en el pecho.

Como los pájaros llevan a sus crías.

Una bala llegó en mayo

Una bala llegó en mayo.
Una bala pequeñita.
Y dentro había un hombre. Un hombre que hablaba gallego y hablaba castellano y conocía el origen de todas las palabras.
La bala llegó en mayo,
pero detrás de mayo, ordenaditos, estaban: junio, y luego julio, agosto, septiembre… Y los demás meses. Y los demás años.
Era un almanaque completo.
Con todas sus hojas y todos sus días y todas sus horas cuidadosamente expuestas.
En balística lo analizaron.
El calendario tenía un rastro infinito que había dejado la bala.
Aunque haya llegado en mayo,
los demás meses se situaban detrás. Junio, y luego julio, agosto, septiembre. Y los demás años.
Así que es lógico concluir que después de impactar en mayo
las demás hojas serían,

igualmente,
perforadas por el proyectil que entró en mayo con
una seguridad absoluta.
La huella de la bala era pequeña. Pero dentro había
un hombre. Un hombre que hablaba gallego y
hablaba castellano y conocía el origen de todas
las palabras.
El movimiento de la bala levantó faldas y despeinó
cabezas. El rastro fue perfecto y recto, porque
entró en mayo con una seguridad absoluta.
La línea fina de la bala como los círculos que causa
el ruido dentro de un vaso de agua.

Uno tras otro.
En balística lo analizaron:
Una bala de ese tipo deja un rastro infinito.
Que no se borra.
Que no se borra.

La quinta estrella

Mi padre escribe el poema de Goytisolo en la quinta estrella donde no llega el agua.
Yo me siento y elijo el bolígrafo bic negro y tomo páginas limpias
para comenzar las coplas de Manrique
en la quinta estrella donde no llega el agua.
Suelo violeta, azulejos de mármol.
Mi padre fuma con la insistencia de los que no tienen miedo a caer desde la dimensión paralela en la que Goytisolo y Manrique resuenan como tazas de café en una alacena saboteada por los muertos.
Aquí todavía no se creó el espíritu santo
ni tampoco el reloj digital,
así que los minutos se vierten entre letras impresas.
Solo un padre y una hija en la quinta estrella donde no llega nunca el agua.
Suelo violeta. Azulejos de mármol. Árboles de *sailor moon.*
Yo le digo que recuerde el alma dormida.
Me llama Prisciliana porque así lo quiso.
Pobre Julia.

Llevamos ropa distinta y el oxígeno se toma a través de cucharas de plata.
Una a una.
Los pulmones de mi padre son de oro. Y yo soy del material de la quinta estrella. Y mi padre pisa el azulejo de mármol y trae el poema impreso con el tiempo encima. Todo el tiempo.
—Para ti.
Es la primera vez que escribe algo que ya estaba inventado o eso nos parecía. Pero no se sabe nunca por dónde caminan aquellos que fueron curados del mal de ojo en un cuarto de baño de Redondela.
Yo le entrego una copla de Manrique. Le digo que recuerde el alma dormida pero él ya se sabe el final.
—Para ti.
Desde la quinta estrella donde no llega el agua
cuatro manos se escriben
esas cosas que no se pueden pronunciar:
aquí no llega nunca el agua.

Parte II. De rerum natura

Como las veces que compruebas que no había
nada en los bolsillos.
Pero esperabas un barquito de papel.
Una moneda.
Un número de teléfono.
Una cerilla prendida.
Otro pantalón y otro bolsillo y quizá tu misma
mano perdiendo todas las cosas.
Eso es lo que llega cuando se callan los sabios
latinos.
Cuando se abre la puerta,
sale el cabeza de familia,
y se pierden las cosas que tú pensabas que cabían
en los bolsillos.

NO ERA UN DIOS

Su sabiduría se concentraba en el pliegue de la frente.
Tuvo un hermano gemelo que nunca nació,
justo al ladito de la oreja. El pequeño bulto de avellana que avecinaba
algo parecido a él,
capaz de encender tres radios unidas y escuchar las tres con toda la atención.
Y el pliegue de la frente.
Que no heredamos después, ni tampoco al hermano gemelo que nunca nació,
justo al ladito de la oreja.
Le crecían limones en los bolsillos de la camisa
y sabía la magia de las lenguas muertas: necesario que regresen
para no volver a escapar de la boca.
No era un dios pero era algo parecido.
De sus dedos surgían cajas de pastillas y carne asada.
Y el pliegue de la frente
que se llevó el fuego. Cuando todo lo destruye.

Pero ahora que somos mayores y no creemos en los cuentos ni en la magia,
sabemos que hay otro modo de mencionar a los que se fueron. Y otro modo de pensarlos cuando mordemos la almohada de noche.
No es bueno que el hombre esté solo. Génesis. Libro primero. Pero él estuvo solo hasta el último momento,
con tres radios encendidas, una bóveda celeste de gazpacho y bizcocho de Guitiriz,
correos electrónicos a periodistas que se burlaban de la fonética.
Y el pliegue de la frente.
Que albergó a las gaviotas.
Que nos proporcionó el éxito y la duda.
La mano siempre abierta y la espalda como los mapas.
Pero no es bueno que el hombre esté solo. Génesis. Libro primero.
Y esto no lo sabía quien iba a ser obispo de Roma y padre de la Iglesia.
Primer mandamiento:
no debes creer en dios.
Él no era un dios pero era algo parecido.
Le crecían limones de los bolsillos de la camisa,

eran los dos ojos que todo lo ven en la capilla
Sixtina del barrio de la Magdalena.
Soportaba las piscinas y las duchas de veinte
minutos.
Y el pliegue de la frente,
la mano siempre abierta,
la espalda como mapas.
Pero no es bueno que el hombre esté solo. Génesis.
Libro primero.
Supo hacer magia cuando todavía creíamos en ella.
No sé si el bultito de avellana se desprendió de la
oreja en el último momento,
entre flores blancas y café con leche y ojeras,
cuando nadie estaba mirando,
y ahora aquel que nunca nació se formó al fin al
lado de un río y surge magia de sus manos ahora
que no creemos en ella. Él no era un dios pero era
algo parecido.
El primer hombre en el cuarto piso del barrio de la
Magdalena. Nos hubiera contado su propia muerte
de haberla escuchado en una de sus tres radios
anunciando el final y las llamas.
Porque no era un dios,
pero precisamente: era algo parecido.

Certeza Primera

El niño rubio levantó el dedo y dijo que el cielo
ardía. Y era cierto.
Ardía como llagas en la mano que rompen el
fuego que llega a la boca y que ardía como
insectos que buscan el calor.
Y a continuación:
—Yo creo que está jugando a las cartas, celebra
la victoria, toma un gintonic. Caen los hielos por
las fisuras.
Y la fisura del cielo abriendo sus costras.
Pero con la edad llega la Duda,
el monstruo de esqueleto negro y alas transparentes,
que aguarda en la luz dando giros.
La Duda de falda plisada. La Duda de dos sexos.
Pelo escaso. Espalda encorvada. Duda de alfileres
en la boca.
Algunos afirman que la Duda es un pez naranja
con ojos de ave rapaz.
Yo solo sé que la tengo en el vientre,
recogida en una trenza.
Yo solo sé que puedo afirmar

que ya no te veré mañana.
Que me quedan cuarenta años de vida
(aproximadamente)
sin tu voz.
Sin tus manos de joven prodigioso de Redondela.
Sin tu más completa indiferencia.
Sin los ojos que atisbaban desde la ventana. Pero cerrados.
Yo solo sé que no te veré mañana. Ni en los próximos cuarenta años.
La Duda penetra hondo en el corazón de tierra, cuchillo afilado. Se deshace en piedrecitas.
Yo solo sé que no te veré mañana.
Ni en los siguientes cuarenta años
(aproximadamente).
El niño rubio levanta el dedo. Señala el lugar. La Duda rodea su espalda.
Eso nos contaron los libros de Religión.
Eso leí en las tumbas de Inglaterra: *We Shall Meet Again.* Si lo pronuncias muy rápido es solo una cadencia sin sentido. Fonemas agudos en garganta ajena. *Fish and chips.* Lo mismo.
No te buscaré en el despacho.
Zapatillas debajo de la butaca.

No sonará tu voz. No estarás en el mundo.
Es la tristeza más cierta que viene al vientre.
Busca cobijo.
Peina una trenza.
Ese tipo de tristeza.
Porque hasta hace unos días yo señalaba el cielo.
Pero ahora sé que los libros mienten.
Y los niños mienten.
Y las tumbas mienten.
Y vino la Duda. Y desplegó sus alas. Y deshizo la tierra.
Solo reconozco que no te veré mañana.
Bata gris y camiseta de donante de sangre. Radiovoz.
Medicinas.
El Hombre más listo sobre el mundo que le
quedaba pequeño.
Se fue como dando saltitos en un río de burbujas.
Y cuando el niño rubio que es como tú pero ya es
adulto señaló el cielo y confirmó que ardía.
Ardía como llagas en la mano que rompen el fuego
que llega a los dientes y que ardía como insectos
que buscan el calor.
Pero yo sabía que no era cierto.
La Duda de alas transparentes.
La Duda de alfileres en el agua.

Parte III: Dream's factory

«Morir, dormir. /Dormir acaso soñar;
sí, ahí está el problema».
(W. Shakespeare)

Viaje

Un sueño aterriza directo a la tierra.
Se desliza despacio por las hortalizas, las pelotas de fútbol, las tiendas de comestibles, los patios de escuela, los contenedores abiertos.
Es como una bolita azul de un material frágil.
Aterriza directo y se balancea sobre tres patitas cortas y peludas.
Parece una araña que busca el desayuno.
Parece una palabra torcida.
Trepa una cama cualquiera
(la primera que encuentra)
y procura no caer al agarrarse al colchón blandito.
Arrugas de sábanas.
Huele a franela y alcanfor para las polillas.

Camina seguro buscando con sus dos ojitos negros
el lugar por donde roen las palabras, las películas
de vaqueros, la serpiente de cascabel y los hechos
que se vuelven palabras pero no hechos;
es decir, el oído.
Mordisquea un poco el lóbulo porque está tan
suave que quién se resiste.
Es la gominola que tragas antes de morir del todo.
Y se sumerge tomando mucho aire,
aguanta la respiración lo suficiente
y no duda al introducirse en la cueva de paredes
[curvas,
minúscula,
llena de ruido que sigue formando ecos tan pequeños
como semillas de amapolas tristes en la cabeza de
una señora muy alta.
Y empieza a trabajar con fuerza dando vueltas
sobre sí mismo (ya dije antes que era una bolita y
las bolitas se procura que sean redondas cuando las
tienes entre las yemas de los dedos: miga de pan,
plastilina, servilleta de *Gracias por su visita*)
tan azul que parece imposible.
Se desvanece lento con los primeros párpados
[asustados.

Pero cumplió con éxito su empresa.
Y el oído donde queda prendido el sueño se levanta de la cama,
se prepara un té de hierbas con azúcar,
una tostada con mantequilla,
pierde el autobús número uno,
no se lava los dientes
y no consigue despertar del todo porque el sueño sigue soplando un poco y esto es lo que sucede antes de la pulverización total de la materia.
El oído y la persona pegada al oído.
A veces queda prendido demasiado tiempo.
Porque lo que no es cierto es hermoso como las princesas dormidas en la cabeza de un niño o como el torrente de agua que limpia la calle que se vuelve oro.
Y el oído algo fascinado encuentra una boca detrás de una puerta,
encuentra una voz debajo de la arena y encuentra un ojo dentro de la mano.
El oído y la persona pegada al oído.
Supongo que te ha sucedido.
A mí desde luego sí.

Y todo eso dicen los expertos que pasa porque el sueño aún
no quiere morir.
Se está calentito en la cueva.
Llaman a los refuerzos y llegan en globo rojo y reluciente cinco sueños como cinco bolas azules,
de un azul que parece imposible.
Entrarán en el oído en busca del sueño anterior con palas y picos y desesperados empujarán al pequeño que se quedó dormido y no se desvanece.
El oído y la persona pegada al oído pierden de nuevo el bus y pierden de nuevo las tostadas y pierden el té de hierbas,
porque el sueño era tan bello que daba lástima despertarse del todo.

Entierro

El hombre que sabía que iba a morir lo tuvo muy
claro esa mañana de enero.
No sé qué habrías hecho tú.
Por ejemplo,
quizá una lista de alimentos imprescindibles que
saborear antes de la partida. O lecturas de las que
golpean fuertemente la cabeza: proverbios,
Sófocles, recetas de cocina.
Pero el hombre que sabía que iba a morir lo tuvo
muy claro esa mañana de enero
y no perdió más tiempo
que siempre se pierde:
por los agujeritos del suelo, por el ruido de la lavadora,
por la limpieza de las legañas, por la contabilidad de
los ahorros o la búsqueda de pasajes de avión.
Él no haría el ridículo.
No sé qué habrías hecho tú.
Por ejemplo,
haber abierto la boca para estallar un grito alargado
que se volcara sobre todas las cabezas y paraguas del
suelo. Sobre las aspiradoras y la arena. Sobre los

cafés descafeinados. Sobre las aceras y los chicles de
menta pegados a las aceras.
Un grito alargado y desenrollado de la lengua
hasta que diez dedos negros y retorcidos te arrancasen
de esta parte
de la orilla
y te llevasen lejos. Moneda en la boca y nunca en
los ojos porque en los ojos no puedes ver el camino.
Nadie ha vuelto pero es mejor conocer los lugares.
El hombre que sabía que iba a morir no gritó con
un grito alargado ni se lo dijo a su familia.
Mejor no preocuparlos.
Mejor recoger los zapatitos y esperar a la mañana
para tomar los cereales, zumo de naranja, periódico
estridente. Actúa normal.
No sé qué habrías hecho tú.
Él se llevó el secreto en los bolsillos junto con
demás cosas que se llevan los que se marchan.
Todas pequeñitas.
Todas frágiles.
Todas hermosas
y de ese tipo que recuerdas cuando van pasando las
noches y los días y sobre todo las noches.

Porque dentro de ellas llamas al hombre que
sabía que iba a morir.
Y él no contesta:
tiene una moneda en la boca.

Aquí hubo hombres.
Aquí hubo hueso.
Los niños no quieren ver.
Los niños no quieren ver.
Luz fría en los centros
y la boca que traga el ojo
que traga la bala
que traga el ojo.
Casa con ventanas llenas de niños
que no quieren ver,
que no quieren ver.
Perros rugen en los bordes
y corre agua por los surcos
cubiertos de pies.
Aquí hubo hombres.
Aquí hubo hueso.
Los niños que no quieren ver.
Los niños que no quieren ver.
Diamantes en la boca. Oro en los cristales.
Menú completo. Extra de patatas.
Y las criaturas que resbalan por el filo de la noche
y las chicas que se escapan de sus casas
con el susto en los ojos que traga la bala-que
[traga-el-ojo

autobuses en el rayo y sí,
también las balas.
Aquí hubo hombres.
Aquí hubo hueso.
Los niños no quieren ver.
Los niños no quieren ver.

Consistencia

Desconozco exactamente
la consistencia de un sueño. Blando como dedo
que se introduce
introduce
en la espuma blanca de un recipiente metálico.
Veinte euros. Amazon.
O unos dedos que aprietan,
quizá,
el cuello fuerte fuerte
hasta que entra el agua por la boca
y todos piensan que van a morir.
Tú desconoces
la consistencia precisa de un sueño.
Líquido azul que pesa en las manos,
líquido de probeta de "Tu primer juego de química".
Treinta euros. Amazon.
Que pesa en las manos. Que hunde la cabeza o que
flota como un paraguas en el río pidiendo auxilio o
pidiendo una bolsa de plástico.
Si un sueño fuera lo que realmente son los sueños
(y esto son sencillamente matemáticas)

aquí estaría el hombre oscuro que sujetaba la puerta oscura en el cuarto oscuro.
Ojos amarillos.
Y aquí también el ovillo en el vientre del gato cojo que da vueltas,
la tierra cubierta de orejas de cerdo que palpitan,
el niño que prueba una calculadora asomado al puente de Brooklyn
y esa noche en la que vino el miedo atroz mordiendo las estrellas.
Botas rojas.
Asier sobre la lápida del espanto como espíritu del tiempo dentro de un cuadro de papel,
la piedra en la espalda
y el lugar de todos los muertos mientras yo o alguien como yo pesaba
la consistencia exacta del sueño
en el primer temblor de rodillas y el primer cuello torcido.
Vaso de saliva. Sudores. Luna que bebe cerveza porque sabe que nadie mira nunca el fondo de las cosas.
Nunca nadie mira.
También son matemáticas.

Ahí donde está todo: el corazón y la espina.
El padre desconoce el instante en el comienza el sueño.
Con todos esos títulos universitarios y las ansias
de proteger como escudo de caballero medieval.
Justo en el tercer capítulo de *Downtown Abbey* o
después del filete de pollo y puré de patatas en la
lengua o cuando uno solamente desea escapar.
Y pesa el mundo en la espalda y pesa el sueño en
la nuca.
Y llega como llega el miedo. Con botas rojas. Con
un cadáver en la mano porque es dramático. A lo
Kill Bill y como Hamlet. Que el sueño son ojos
amarillos y el miedo atroz y las botas rojas
y el lado izquierdo de las cosas
ese que no se ve
y que sostiene precisamente
la consistencia exacta del sueño.
Aunque sabemos que nunca nadie mira
el fondo de las cosas.

PARTE IV: MEMENTO MORI

Habremos perdido el nombre.
Y nosotros con zapatos nuevos, con el autobús en marcha, con los puntos cardinales, con los balidos, con el ruido, con el bocadillo de queso y la mano temblorosa porque ya es la hora. Ya es la hora.
Y habremos perdido el nombre. Y nuestros pies en Oporto.
Y nuestros pies en el río donde Heráclito lavaba su ropa con suavizante y delicadeza.
Y habremos perdido el nombre.
Quizá eso es lo que tenía que haber sucedido.

La muerte no tendrá señorío

Dijo el hombre del sombrero que la muerte no tendría señorío.
Pero yo veo su manto sobre los muebles y la radio y la alfombra.
Algo así como el plastiquillo que protege del polvo.
Algo así como la huella que se deja cuando inevitablemente no va a regresarse.

Y lo dijo en futuro
que es algo relevante.

El verbo hace al hombre y el verbo hace al tiempo y el verbo hace a los pasteles y a los divorcios y al doctor que te limpia las muelas en el lugar exacto que indicas en voz baja.
Y si lo dijo en el futuro
como un predicador que sospecha
ahora puedo indicar que estoy en ese futuro y la muerte gobierna como un desquiciado que perdió el rumbo y no tiene dinero para gasolina ni sabe exactamente de dónde vino.

Y veo su manto sobre los muebles y la radio y la
alfombra.
Y veo que gobierna y se pelea con la escoba de mi
[madre
que recoge las polillas y las cáscaras de naranja y
[el rastro de la muerte
que cubre con un manto los muebles y la radio y la
alfombra y se pasea por el apartamento con pasos
cortos.
Como un lobo. Como un adivino con miedo. Como
un actor de teatro que resbala sobre el plastiquillo
que lo cubre todo. Incluso la noche.

Y eso es posible.

Que cubre los ojos y los pensamientos de lana que
salpican el cráneo y formas bolas grandes
que también cubre el plastiquito.
Dijo el hombre sabio que la muerte no tendría
[señorío.
Me lo dijo al oído cuando yo aún creía en la
[palabra impresa.

Pero *ahora* entiendo que es el futuro que él predijo
y lo terrible es que yo sé que esto no es cierto.

Porque la muerte cubre con un manto todos los
[plásticos,
todos los pisos,
absolutamente todos
todos los suelos.

Sopor

Y la noche,
en los ojos,
se hizo nieve.
Estrellas en la cabeza y un presentimiento
que cuelga como aves que saben que van a morir.
Caminando lento, huellas de polvo azul
y oro en el abismo de la boca.
Ya lo había dicho Cicerón
pero nadie cree en el último de los días hasta que
llega de frente y te besa la mejilla y te ofrece su
brazo.
Caballero silencioso.
Y así entre los sueños y el reloj digital
la noche,
en los ojos,
se hizo nieve.

Voz en pretérito perfecto

Cuántos definieron ya la Muerte.
Y yo sólo puedo decir que es algo así
como observar la presencia absoluta de Ese a Quien
Quieres que lo llena todo de un silencio terrible:
la cocina, el salón, el baño, la mesa con las
pulseras, la bufanda verde, la chaqueta, los
pañuelos, el último libro que su mano abrió, el
mando de la televisión, las cortinas, la radio, la
última búsqueda de Google.
Lo llena todo de un silencio terrible.
Ya sé que muchos definieron la Muerte.
Y yo sólo puedo decir que es algo así
como una habitación que se llena de los gestos de
Ese a Quien Quieres
y sin embargo nadie habla.
Nadie habla.
Y parece que faltaría únicamente su voz para que
lo quebrara todo.
Y nadie habla.
Nadie habla.

Por un momento piensas que la puerta se abrirá y la cocina, el salón, la mesa, la bufanda verde, la chaqueta y todo volverá a su lugar que es el punto donde se movía su cuerpo.
Como una parte del espacio.
Yo pensé cuando Ese a Quien yo Quiero se marchó
volvería.
Un portazo y un ronquido y la radio serían lo más natural del mundo dentro de la celebración triste del funeral con comida rápida y porciones de pescado y patatas. Eso hubiera sido lo más natural.
Parece una broma falsa.
Nadie habla.
Y Ese a Quien Quieres entrando por la puerta pequeñita y repartiendo saludos de celebración triste y diciendo de golpe: Pero si yo nunca me fui.
—Si no sabes hacer nada solo.
—Por eso nunca me fui.
Y durante días pensé que lo más natural sería el regreso por la puerta pequeñita y la bufanda verde y el tabaco en el cenicero.
Nunca me fui.

Una parte del espacio.
Es un año más tarde cuando agujas en el cuerpo.
Cuando utilizas el pretérito como una navaja que corta afilada el aire en pedazos.
Cuando nadie me dice que no fume porque es malo.
El guardián de mis pulmones y de la etimología.
Parece que eres tú quien lo está matando con ese maldito pretérito.
Y nadie habla.
Y la presencia sigue empapando las paredes. La última búsqueda de Google: el mundo, la bolsa, ajedrez, solitario. Poco a poco se va borrando el pedacito de tierra que estaba aquí.
—Si no sabes hacer nada solo —diría.
—Por eso nunca me fui.

ESTRELLA SIN HABITANTES

Dicen que la calma viene cuando hablas hacia
[arriba
que te escuchan las estrellas.
Yo creo que si fuera una estrella tendría cosas
más importantes que hacer
como investigar la cara de la luna o barrer la
porquería. Probablemente me daría igual inspirar
a los modistas y alumbrar la noche de los
delincuentes y de los enamorados porque estoy
muerta y en fin tengo otras cosas que hacer.
Aconsejan que hables con la voz baja,
muy erguida
sosteniendo las palabras en el aire
que te escuchan las estrellas.
Que te escuchan tu padre y el padre de Jorge
Manrique y todos los padres que lo fueron y que
ahora navegan en un polvo de lluvia y planetas y
pienso en mi padre hablando con Aristóteles o
con Hipócrates y si fuera más pequeña eso sería
un alivio.
Pero creo que estas cosas no suceden.

Que él se quedará aquí en el pecho prendido y en
las fotografías manchadas de huellas dactilares.
Muchos hombres que recibieron la curación
necesaria comiendo tranquilos un desayuno de
proteínas y sólo yo pensando en las estrellas y en
que tienen otras cosas mejores que hacer.
Todos los padres en una reunión sobre lo que
somos los hijos en la tierra. Los fracasos en tenis.
Los nietos como regalos de Navidad en paquetes
pequeños de sangre y saliva.
Todos los padres sobre la misma estrella.
Y yo que ya no creo que estas cosas suceden.
Si fuera más pequeña sería un alivio.
Pero él ya me lo dijo una vez viendo pasapalabra:
Escucha atentamente. Qué había antes.
Nada.
Ya sabemos desde hace tiempo que las estrellas
están muertas.

Este libro recibió en noviembre de 2023 el
XVII PREMIO INTERNACIONAL DE POESÍA PARA
MUJERES "LEONOR DE CÓRDOBA".

ÍNDICE

Esta edición de *Cabeza de familia* terminó de imprimirse
en Antequera, Málaga, el 3 de mayo de 2024, fecha
en la que se conmemora el nacimiento
de Nélida Piñón.